E. H.

COMÉDIE-VAUDEVILLE

Représentée pour la première fois, à Paris, sur le théâtre de la Montansier, (Palais Royal) le 7 avril 1849.

CHATILLON-SUR-SEINE. — IMPRIMERIE E. CORNILLAC

E. H.

COMÉDIE-VAUDEVILLE

EN UN ACTE

PAR

E. MOREAU, SIRAUDIN ET DELACOUR

NOUVELLE ÉDITION

PARIS

MICHEL LÉVY FRÈRES, ÉDITEURS

RUE AUBER, 3, PLACE DE L'OPÉRA

LIBRAIRIE NOUVELLE

BOULEVARD DES ITALIENS, 15, AU COIN DE LA RUE DE GRAMMONT

1873

PERSONNAGES

BÉQUET..	M. Sainville.
MADAME BÉQUET..............................	Mme Moutin.
EMMA, leur fille................................	Mlle Pauline.
HACHETTE..........	MM. Lacourière.
EUGÈNE..	Valaire.

E. H.

Le théâtre représente un appartement ; portes au fond et latérales, fenêtre à droite, premier plan.

SCÈNE PREMIÈRE

MADAME BÉQUET, EMMA *.

MADAME BÉQUET, assise à gauche.

Tu dis donc, ma fille, que ce jeune homme est peintre ?

EMMA, debout, auprès d'elle.

Non, maman, il fait des portraits... au daguerréotype.

MADAME BÉQUET.

Mais où donc as-tu connu monsieur?..

Elle se lève.

EMMA.

Eugène... maman, il s'appelle Eugène... mon Dieu... c'est bien simple... Un jour que nous étions à l'Opéra et que tu dormais, il se trouvait à côté de moi... nous avons causé, il m'a prêté sa lorgnette, je lui ai prêté mon *Entr'acte*... et là, j'ai appris que le hasard l'avait fait notre voisin d'en face... Sa fenêtre est vis-à-vis celle-ci.

MADAME BÉQUET.

Mais, enfin, comment se fait-il que ce jeune homme veuille faire notre portrait?

EMMA.

C'est très-naturel, maman, M. Eugène me demanda à se

* Madame Béquet, Emma.

présenter chez nous, tu dormais... je ne pouvais lui donner cette permission... d'un autre côté, je ne pouvais le refuser.

Air : *Famille de l'Apothicaire.*

Il parlait, en me regardant,
De la grâce de son modèle,
Bref, il me dit, en me quittant,
Jusqu'au revoir, Mademoiselle;
Puis il me donna rendez-vous
Dans sa chambre...

MADAME BÉQUET.

C'est une injure.

EMMA.

Maman, calmez votre courroux;
Il parlait de sa chambre obscure.

MADAME BÉQUET.

Hein?

EMMA.

Je l'autorisai à pénétrer ici, mais sans y mettre le pied, c'est-à-dire, à faire arriver jusqu'à nous la lumière qui se reflète sur sa plaque... Et notre portrait va s'exécuter.

MADAME BÉQUET.

Comment le sais-tu?

EMMA.

M. Eugène vient de me faire signe... Placez-vous là de trois quarts, et moi de face *.

MADAME BÉQUET.

Emma... Emma, prends garde, mon enfant, les peintres...

EMMA.

Auriez-vous eu à vous plaindre des peintres, maman?

MADAME BÉQUET.

Non...

EMMA.

Mais, d'ailleurs, M. Eugène ou un autre il fallait toujours faire faire notre portrait... pour surprendre papa le jour de sa fête.

MADAME BÉQUET.

M. Béquet?... Il ne mérite guère qu'on lui fasse des surprises... si ce n'est désagréables...

EMMA.

Ne bougez donc pas, M. Eugène va nous manquer.

MADAME BÉQUET.

Ah ça! mais j'ai le torticolis.

* Emma, Madame Béquet.

EMMA.

Encore un instant... là!

Elles posent.

SCÈNE II

LES PRÉCÉDENTS, BÊQUET *.

BÉQUET, il entre par la droite sans être vu, et vient se placer devant les deux femmes de manière à tourner le dos à la fenêtre.

Ah! bravo! je suis ravi!.. ne bougez pas!.. Groupe d'expression, poses plastiques.. Ça me rappelle les Tableaux vivants que ma femme m'a défendu de voir! Embrasse-moi, Cornélie, tu me rappelles la mère des Cracques... et toi aussi, mon Emma **.

EMMA, l'embrassant.

Oui, papa.

BÉQUET.

Tu me rappelles *Emma* ou *la Promesse imprudente*, comédie en trois actes, de Planard.

MADAME BÉQUET.

Vous feriez mieux de vous rappeler que votre fille a vingt ans et pas encore de mari.

BÉQUET.

Patience, ma femme! patience, ma fille! Un mari ne se trouve pas sous une feuille de chou comme les enfants. (A part.) Laissons-la croire à cette ingénieuse métaphore!

EMMA.

Mais, papa, ce ne sont pas les futurs qui manquent, et si vous vouliez bien...

Elle s'appuie sur son épaule en le câlinant.

BÉQUET.

Ah! des futurs...

MADAME BÉQUET.

Vous les refusez tous... et vous avez tort, car du moment qu'un jeune homme réunit les conditions de moralité, de fortune... un physique convenable...

BÉQUET.

Je ne lui en demande pas tant... Oh! que nenni! oh! que nenni! Mais, repose-toi sur moi... tu m'écrases... je finirai

* Emma, Madame Béquet, Béquet.

** Emma, Béquet, Madame Béquet.

par découvrir le mari qui te convient. (A part.) Et à moi aussi.

EMMA.

Dépêchez-vous alors.

BÉQUET.

Retire ce mot, Emma, il est leste... si j'étais jeune fille, point ne voudrais l'avoir dit.

EMMA.

C'est vrai .. je vois toutes mes anciennes camarades de pension qui se marient... Tenez, la semaine dernière, Amélie, qui est plus jeune que moi, a épousé M. Ernest Huguenin.

BÉQUET, avec explosion.

Ernest Huguenin?... Juste le gendre qu'il me fallait.

MADAME BÉQUET.

Vous le connaissez?

BÉQUET.

Pas du tout... Ah! si je l'avais connu. Pourquoi ne m'avoir jamais parlé de lui?

EMMA.

Mais je ne le connaissais pas non plus.

BÉQUET.

Quel malheur! je te l'aurais fait épouser.

EMMA.

Mais je n'en aurais pas voulu!

MADAME BÉQUET.

Ni moi non plus.

BÉQUET.

Ouais!... c'est-à-dire que s'il en était temps encore, ou s'il devenait veuf... Au fait, Amélie n'est-elle pas maladive? Elle est un peu affectée du foie... je la crois *foitrinaire!*

EMMA.

Par exemple!

BÉQUET.

Il pourra te revenir...

EMMA.

Mais je le refuse, il a cinquante ans!

BÉQUET.

Qu'importe!

EMMA.

Il n'a pas de fortune.

BÉQUET.

Bagatelle!

EMMA.

Il est laid!

BÉQUET.

A d'autres! Qu'est-ce que cela fait... puisqu'il s'appelle Ernest Hugredin.

EMMA.

Mais non, papa, c'est Ernest Huguenin!

BÉQUET.

La prononciation n'y fait rien... comme il m'allait!... mais, puisqu'il est marié, n'en parlons plus, n'y pensons plus!

EMMA.

Pensons à un autre... et si vous voulez que je vous aide à trouver un mari...

BÉQUET.

Non... ma fille!.. laisse l'auteur de tes jours... s'occuper du soin de cette fourniture... cela rentre dans ses attributions... Je vous ménage une surprise. Allez!.. laissez-moi!.. mettez tout en ordre dans la maison... Dites à Toinette qu'elle prépare le salon, et surtout veillez à ce qu'elle ne casse rien ; car cette fille est d'une maladresse!..

MADAME BÉQUET, en sortant par la gauche.

Soyez tranquille!

SCÈNE III

BÉQUET, seul.

Oh! moi seul!.. sais le gendre qu'il me faut... Figurez-vous, citoyen, que j'avais formé le projet de conjoindre ma fille au neveu d'un de mes amis. Tout était convenu, arrangé... mais, crac! le jeune homme refuse, sous le frivole prétexte... quelle puérilité!.. qu'il était marié secrètement depuis deux ans... Il avait caché ce détail à son oncle... Emma et Cornélie, mon épouse, se consolèrent de cet échec ; moi-même j'eusse fait comme elles sans un incident des plus graves... Figurez-vous, citoyenne, que je commis une imprudence... j'eus la déplorable idée de commander un trousseau complet pour ce mariage... Ce trousseau fut marqué à l'encre indélébile aux initiales de mon futur gendre, un E et un H. De plus, j'achetai deux douzaines de couverts d'argent, une cuiller à potage, une théïère, soupières, plats, etc., que je fis graver toujours de ces mêmes initiales E. H. Enfin, dans ma munificence paternelle, j'avais été jusqu'à faire faire un service de vieux Sèvres marqué E. H... dix mille francs de dépense... Et vous croyez bonnement que je vais couper les coins du linge, faire gratter l'argenterie et casser mes porcelaines... pour détruire ces malencontreuses initiales?... Point ne le croyez!.. Oh! que nenni!.. J'ai un autre plan que voici... Je suis comme Diogène, ce chiffonnier de l'antiquité, je cherche un homme qui réponde aux initiales E. H... E. n'importe quoi! H. comme vous voudrez!.. Que cet homme arrive, je lui donne ma fille... Par ce moyen, je place mon trousseau, et les initiales sont intactes!.. Il y a quinze jours, j'ai cru un instant avoir trouvé mon homme; c'était bien mon affaire!.. et après le service qu'il m'avait rendu!.. Généreux inconnu!.. qui ne m'avait laissé que son nom, Eugène Henriot!.. E. H.! aussitôt je prends l'*Almanach des Vosges*, autrefois royal, comme la place de ce nom, et je me précipite chez tous les Henriot de la capitale... Je les épuise en pure perte... beaucoup de Barnabé Henriot, de Guillaume, d'Auguste mais d'Eugène... (Tristement.) point n'en trouvai-je!... Alors je tentai un autre moyen... pour avoir un E. H., et je crois l'avoir trouvé... Je l'attends ce matin pour entrer en arrangement. (On frappe.) Entrez!.. C'est-à-dire pour lui proposer le trousseau de mon Emma. (On frappe.) Entrez!.. Ça me coûte cher... Entrez!..

SCÈNE IV

BÉQUET, HACHETTE*.

HACHETTE.

M. Béquet, s'il vous plaît?

BÉQUET.

C'est moi. Que demandez-vous?

HACHETTE.

Ah! Monsieur!..

BÉQUET.

Que demandez-vous?

HACHETTE.

Du temps, Monsieur.

BÉQUET.

Je n'en tiens pas! (A part.) Il est fort laid, ce garçon!

HACHETTE.

Je venais... au sujet de... parce que ..

* Hachette, Béquet.

BÉQUET.

Sa mine me déplaît...

HACHETTE.

Je sais, Monsieur, que vous avez entre vos mains une lettre de change...

BÉQUET.

Vous avez dit...

HACHETTE.

De cinq cents francs.

BÉQUET.

Vous seriez...

HACHETTE.

Le signataire d'icelle...

BÉQUET.

Emile?...

HACHETTE.

Hachette.

BÉQUET.

Émile Hachette... je le tiens...

Il va fermer la porte.

HACHETTE, *à part.*

Cet homme aurait-il des intentions féroces?

BÉQUET.

Seyez-vous, mon cher Emile Hachette!

HACHETTE.

Vous êtes bien bon! (*A part.*) Son œil flamboie! J'ai un grelottement général. (*Haut.*) Vous êtes bon!

BÉQUET.

Je vous en prie! (*Il le flanque sur une chaise.*) Je vous prie!

Ils s'asseyent.

HACHETTE.

Vous ignorez peut-être l'origine de ma dette. (*A part.*) Apitoyons ce vieillard sur mon sort!

BÉQUET.

Une spéculation malheureuse...

HACHETTE.

Précisément... un de mes amis que j'avais commandité...

BÉQUET.

Comment dis-tu?...

HACHETTE.

Non... commandité... pour un envoi de glaces de Venise...

BÉQUET.

Et... elles sont arrivées... brisées...

HACHETTE.

Non, Monsieur... fondues... On s'était trompé : c'était un

glacier, et non un miroitier qui avait fait la fourniture... J'ai été obligé de m'en défaire à deux sous la voie...

BÉQUET.

Je plains ton infortune.

HACHETTE, à part.

Mais il est charmant!... (Haut.) Et puisque c'est vous qu'on m'a dit être l'acquéreur de ma créance...

BÉQUET.

Oui, c'est moi, mon cher Eugène...

HACHETTE.

Non... Emile...

BÉQUET.

Émile ou Eugène... la prononciation n'y fait rien! la lettre y est!...

HACHETTE.

Et... elle est de cinq cents francs!

BÉQUET.

De cinq cents francs... Il ne comprend pas... tu ne comprends pas! ça n'y fait rien!

HACHETTE.

Ça n'y fait rien!

BÉQUET.

Mais, répondez-moi, Emile Hachette, vous n'êtes pas marié?

HACHETTE, à part.

Attendrissons-le!.. (Haut.) Hélas!..

BÉQUET.

Quoi, hélas!...

HACHETTE.

C'est au nom d'une épouse adorée...

BÉQUET.

Une femme?...

HACHETTE.

Dont je suis l'unique soutien...

BÉQUET, se levant.

Je suis volé!...

HACHETTE, de même.

Je vous rembourserai, monsieur... et mes cinq enfants vous béniront.

BÉQUET.

Cinq enfants...

HACHETTE.

Oui, monsieur... tous jumeaux!

BÉQUET, lui ôtant sa chaise.

Sors d'ici... gredin!...

HACHETTE.

Comment ça *?

BÉQUET.

Par la porte... ou plutôt... non... je vais te faire fourrer à Clichy ; car Clichy est rétabli, mon ami! O bienfait de la République!

AIR de *l'Antiquaire*.

Clichy,
Est rétabli!
Combien j'en suis ravi,
Car, en sortant d'ici
On va l'installer à Clichy.
C'est vainement que des juges sévères
Voudraient fermer cet établissement,
C'est un abri des plus humanitaires,
La preuve en est, c'est que chaque passant
Peut, de cette prison,
Lire, sur le fronton,
Ces trois mots : Liberté,
Egalité, Fraternité.

ENSEMBLE.

Clichy
Est rétabli, etc.

HACHETTE.

Clichy
Est rétabli!
Je n'en suis pas ravi,
Car, en sortant d'ici,
On va m'installer à Clichy!

HACHETTE.

Mais, monsieur Béquet...

BÉQUET.

Drôle! polisson! marié... père de famille!..

HACHETTE.

Comment?.. serait-ce à cause de cette particularité? rassurez-vous? je ne suis pas plus marié... et je n'ai pas plus d'enfants... que sur la main.

BÉQUET.

Bien vrai!...

HACHETTE.

Parole d'honneur!... c'était pour vous émouvoir!..

* Béquet, Hachette.

BÉQUET.

Touche là, Émile, et reprenons nos chaises et notre conversation !...

HACHETTE, à part.

Ce grison est d'une humeur chatoyante.

BÉQUET.

Sieds-toi ! (Il le flanque sur la chaise.) Dis-moi, connais-tu Emma?

HACHETTE.

J'en ai connu une au bal de M. Chicard.

BÉQUET.

Ce n'est pas celle-là. Celle dont je te parle est ma fille... dis-moi, veux-tu l'épouser?

HACHETTE.

Comment?

BÉQUET.

Mais, dame, comme on épouse... devant l'écharpe de M. le maire. Voyons, réponds... choisis, Emma ou Clichy...

HACHETTE, à part.

Quelque fille hors d'âge et d'un placement hypothécaire...

BÉQUET.

Mon Emma va sur ses vingt printemps...

HACHETTE.

Que vingt. (A part). Elle louche, elle a un œil qui dit des gaudrioles à l'autre...

BÉQUET.

Des yeux charmants, droite comme un I, sauf quelques inégalités que tu ne blâmeras pas... De plus, un trousseau complet en linge, argenterie, porcelaines...

HACHETTE.

Ça me va.

BÉQUET.

Et avec des espérances...

HACHETTE.

Prochaines?

BÉQUET.

Oh!

HACHETTE.

Ah! non, mais ma lettre de change?

BÉQUET.

Enfant! un moyen ingénieux de t'attirer chez moi...

HACHETTE.

Il paraît que je lui ai plu.

BÉQUET.

A ma fille? elle ne t'a jamais vu.

HACHETTE.

Alors c'est à vous que j'ai plus plu?

BÉQUET.

A moi? oh! que nenni!... Je ne te cache pas qu'en te voyant entrer, mon premier jugement ne t'a pas été favorable... je t'ai trouvé laid, l'air peu spirituel et cagneux...

HACHETTE.

Oui, mais depuis...

BÉQUET.

Je n'ai pas changé d'opinion... mais que veux-tu? puisque ma fille veut absolument que je la marie... et que je ne puis trouver l'autre...

HACHETTE, se levant.

Quel autre?

BÉQUET, de même.

Ah! voilà un garçon qui m'allait... oh! il m'allait bien mieux que toi... une physionomie spirituelle, aimable, élégant... et si tu savais comment je l'ai connu... je veux te conter cela...

HACHETTE.

Mais...

BÉQUET.

Laisse-moi faire... Connais-tu le théâtre de la République?

HACHETTE.

Non.

BÉQUET.

Le théâtre français de la République?

HACHETTE.

Ah! le Théâtre-Français!... vous disiez...

BÉQUET.

Oui, le théâtre français de la République... Il existe près du couloir dudit théâtre un établissement...

HACHETTE.

Un salon de lecture?

BÉQUET.

Non.

HACHETTE.

Ah! j'y suis, l'établissement de madame Prévôt, bouquetière?

BÉQUET.

Non, à côté. (Mouvement de Hachette.) Eh bien! qu'est-ce que vous supposez donc?.. Un débit de tabac... Je venais d'y allumer un cigare de trois sous, quand mettant ma main à mon gousset... je m'aperçus de l'absence de toute monnaie, cuivre ou argent, quand un jeune homme, un bon jeune homme (celui que je te préfère), s'aperçut de mon embarras. — Voici, me dit-il d'une voix de ténor charmante, voici.

HACHETTE.

Quinze centimes...

BÉQUET.

Précisément... Oh ! merci, dis-je à mon bienfaiteur. — Ce n'est rien, réplique-t-il. — Si fait, réponds-je, je vous dois. — Bagatelle ! — Où demeurez-vous ? — Qu'importe ?. — Votre nom ? — Eugène Henriot. — Eugène Henriot ! l'homme que je cherchais !... E. H., les initiales que je convoitais !

HACHETTE.

Je ne comprends pas.

BÉQUET.

Je comprends cela... J'aurais voulu m'accrocher à lui, à cet Eugène Henriot... malheureusement, il avait disparu, et depuis, jamais plus ne le revis. Enfin, voilà mon cher Emile Hachette, pourquoi j'ai acheté la créance, pourquoi je te donne ma fille en mariage, et pourquoi tu es ici.

HACHETTE.

Je n'y suis pas.

BÉQUET, à part.

Décidément, je le soupçonne bête... mon futur gendre !... Ah bah ! Mais, chut !... voici... ma femme et ma fille... une tenue décente est de rigueur... Laisse-moi faire, Émile, laisse-moi faire !...

SCÈNE V

LES PRÉCÉDENTS, EMMA, MADAME BÉQUET.

BÉQUET, allant au-devant de sa femme et de sa fille. *

Emma... Cornélie... Je vous présente le fils d'un de mes meilleurs... de mes plus anciens amis.

HACHETTE.

Mais...

BÉQUET.

Laisse-moi !... (Haut.) Mon cher Émile, voici ma femme et ma fille... Je n'ai pas besoin de vous les désigner autrement... l'âge et les traits d'icelles vous indiquent suffisamment leur position respective à l'égard l'une de l'autre... J'aime assez cette phrase !... mais, revenons...

* Madame Béquet, Emma, Béquet, Hachette.

EMMA, à part.

Il n'est pas beau!

MADAME BÉQUET.

C'est vrai!

BÉQUET.

Émile Hachette... un nom déjà connu dans l'industrie... commanditaire de la belle et gigantesque entreprise des glaces de Venise.

MADAME BÉQUET.

Ah! Monsieur est...

BÉQUET.

Un de nos capitalistes les plus audacieux et les plus heureux... (A Hachette.) Laisse-moi faire.

MADAME BÉQUET.

Nous ne connaissons pas encore Monsieur?

BÉQUET.

Il arrive de Saint-Pétersbourg, toujours pour son affaire des glaces de Venise... Émile dîne avec nous; ainsi, Mesdames, les petits plats dans les grands... gala chez moi, belles toilettes, dont vous n'avez pas besoin!

HACHETTE.

Oh! non, vous n'en avez pas besoin!..

EMMA.

Monsieur... (A part.) Il a l'air bête!

MADAME BÉQUET.

C'est vrai!

BÉQUET.

L'heure approche, ne perdons pas de temps... donne des ordres, poupoule. (A Hachette.) C'est ma femme que j'appelle poupoule... ma fille, je l'appelle ordinairement bibiche... c'est moins long qu'Emma. (Haut.) Allons, mon enfant, et surtout bibiche... (A Hachette.) C'est à ma fille que je parle. (Haut.) Surtout, bibiche, recommande bien à Toinette de ne rien casser.

EMMA.

Pourquoi donc ce dîner, maman?

MADAME BÉQUET.

Je n'y comprends rien!

BÉQUET, bas à Hachette.

Quant à toi, mon cher Emile, tu vas retourner chez toi... et tu vas te vêtir un peu mieux. As-tu un habit noir?

HACHETTE, à part.

Diable! (Haut.) J'en ai un... mais je l'ai fait teindre en solitaire.

BÉQUET.

Va l'endosser...

HACHETTE.

Eh bien! écoutez, j'aime mieux vous parler franchement, il est au clou...

BÉQUET.

Décroche-le vite et pars...

HACHETTE.

Si vous me comprenez mieux, il est chez ma tante.

BÉQUET.

Ah! tu as une tante... tant mieux, ça te fera de la famille... mais dépêchons.

HACHETTE, *à part.*

Ah! j'emprunterai l'habit de mon portier.

BÉQUET.

Va donc, mon cher ami,
Lorsque pour toi l'hymen s'apprête
Te rendre plus joli
En faisant une autre toilette.

HACHETTE.

Que mon cœur est ravi!
Oui, mon hymen ici s'apprête.
Je reviens vite ici,
Quand j'aurai changé de toilette

EMMA ET MADAME BÉQUET.

Pourquoi tout ce souci?
Pourquoi ce dîner qui s'apprête?
Et quel besoin ici
D'aller faire une autre toilette?

Béquet sort à gauche avec sa femme, Hachette par le fond; Emma reste seule.

SCÈNE VI

EMMA, *seule.*

C'est singulier! papa m'a présenté ce jeune homme avec un air de mystère... et monsieur Eugène! pauvre garçon!... (*Elle regarde à la fenêtre.*) Il me fait signe... il m'envoie des baisers. Qu'est-ce qu'il dit donc? Il veut venir... mais non, monsieur, vous allez me compromettre... Il traverse la rue...

il entre ici... (Revenant.) Oh! c'est un peu fort, par exemple! si l'on allait nous surprendre!.. mais il ne viendra pas... s'il venait cependant!..

SCÈNE VII

EMMA, EUGÈNE*.

EMMA, à part.

Il est venu!

EUGÈNE.

Mademoiselle... je n'osais aspirer au bonheur de vous voir de si près.

EMMA.

Monsieur... partez vite!...

EUGÈNE.

Pardon, mais j'arrive!...

EMMA.

Si maman nous surprend.

EUGÈNE.

Je la connais votre maman... elle n'a pas l'air méchant... en dormant... car c'est dans cette attitude que je l'ai vue pour la première fois au spectacle... et puis, d'ailleurs .. elle n'ignore pas que je fais votre portrait à toutes deux.

EMMA.

Oui, mais papa...

EUGÈNE.

Vous avez un papa?...

EMMA.

Sans doute.

EUGÈNE.

J'ignorais cette particularité... vous ne m'en aviez pas fait part. Ah! mais j'y pense... serait-ce cet obstacle qui tantôt est venu se poser entre mon appareil et vous...

EMMA.

Précisément.

EUGÈNE.

Je l'avais pris pour un terre-neuve... et si j'avais su...

On entend crier : Toinette, par Béquet.

* Eugène, Emma.

EMMA.

C'est sa voix...

EUGÈNE.

Au terre-neuve.

EMMA.

Sauvez-vous! c'est mon père!...

EUGÈNE.

Me sauver! mais je ne vous ai encore rien dit de mon amour!...

BÉQUET, en dehors.

Toinette! mes bottes?

EMMA.

Je vous en prie, cachez-vous!...

EUGÈNE.

Où... par là?...

Il désigne la gauche.

EMMA.

Non, ici! derrière ce rideau...

Elle pousse Eugène derrière les rideaux qui sont trop courts et laissent voir les jambes.

SCÈNE VIII

EMMA, BÉQUET, EUGENE, caché *.

BÉQUET.

Où diable cette fille a-t-elle fourré mes bottes? Tu ne les a pas vues?...

EMMA.

Non, papa.

BÉQUET.

Toinette! non-seulement cette fille casse tout, mais elle égare mes bottes... c'est une chose singulière que je ne puis pas mettre la main, c'est-à-dire le pied... (Il regarde les rideaux.) Tiens, les voilà!...

Désignant les bottes d'Eugène.

EMMA.

Non, mon papa.

BÉQUET.

Toutes deux... (Il se détourne. Eugène lève une jambe de manière à ne

* Emma, Béquet, Eugène.

laisser voir qu'une botte.) C'est-à-dire... c'est singulier! (Tenant la botte d'Eugène.) Dis donc, Emma!...

EMMA.

Mon Dieu!

BÉQUET.

Emma!...

EMMA.

Papa!

BÉQUET, à voix basse.

Va vite chercher la garde... je tiens un voleur...

EMMA.

Mais...

BÉQUET.

Dépêche-toi avant qu'il ne se doute de mes projets... car c'est un voleur... (Criant.) Au voleur!

EUGÈNE, se montrant.

Vous vous trompez.

BÉQUET.

Alors que faisiez-vous dans mes bottes?

EMMA.

Il va y avoir des explications... Courons vite tout dire à maman!

Elle sort.

SCÈNE IX

EUGÈNE, BÉQUET *.

BÉQUET.

Ah ça! Monsieur, pourriez-vous m'expliquer le but... ah! mon Dieu... dans lequel... ciel! vous vous êtes... que vois-je? introduit... je vous reconnais... c'est vous!...

EUGÈNE.

J'en fais l'aveu!...

BÉQUET.

Mon ami...

EUGÈNE.

Hein?

BÉQUET.

Mon sauveur!...

* Béquet, Eugène.

EUGÈNE.

Plaît-il?...

BÉQUET.

Je vous dois quinze centimes...

EUGÈNE.

Ah! comment c'est vous?...

BÉQUET.

Tu me remets...

EUGÈNE.

Il me tutoie...

BÉQUET.

Laisse-moi vous tutoyer... Eugène Henriot... veux-tu que je vous tutoie... oui... vous le voulez... je te remercie... ô Eugène?... ah!... à propos... que je te rembourse... je te dois...

Il se fouille.

EUGÈNE.

Par exemple!...

BÉQUET.

Eh bien! soit!... je garde ces quinze centimes pour t'en avoir une reconnaissance éternelle... Ah! tu ne sais pas, Eugène... combien je t'ai cherché depuis ce jour néfaste... mais voici ma famille... et je veux te présenter à ma famille... (Avec intention.) Je veux te présenter à ma famille.

SCÈNE X

LES PRÉCÉDENTS, MADAME BÉQUET, EMMA*.

BÉQUET.

Emma, Cornélie... venez que je vous présente...

MADAME BÉQUET.

C'est inutile, nous connaissons Monsieur.

BÉQUET.

Comment?

EMMA.

Mais oui, papa, comme voisin...

BÉQUET.

Tu demeures...

EUGÈNE.

En face...

* Béquet, Emma, Madame Béquet, Eugène.

EMMA.

Depuis huit jours...

BÉQUET.

Ah ! (A part.) Ah ! la fine mouche !... la petite masque !... (Haut.) Et vous ne me l'avez pas dit... mais vous ne savez donc pas... ce que je dois à Eugène Henriot *... car il s'appelle Eugène Henriot... vous ne savez pas... le service...

EUGÈNE.

Taisez-vous ! j'espère que vous n'allez pas...

EMMA ET MADAME BÉQUET.

Quoi donc?...

BÉQUET.

Oh ! rien... c'est un détail... Ah ! dis-moi, Eugène, as-tu un bail ** ?

EUGÈNE.

En face !... non, non !

BÉQUET.

Très-bien ! tu vas donner congé...

EMMA.

Vous voulez qu'il s'éloigne ?

BÉQUET.

Oh ! que nenni... je veux que tu t'installes ici.

EUGÈNE.

Comment ! me loger !

BÉQUET.

Te loger, mais très-bien ! et te nourrir ici... mais très-bien ! et t'éclairer. (A madame Béquet.) Nous le blanchirons... bah ! blanchissons-le, pendant que nous y sommes.

MADAME BÉQUET.

Mais...

BÉQUET.

Je le veux... je l'exige !...

EUGÈNE.

Allons... j'accepte.

EMMA.

Quel bonheur !

BÉQUET.

Et plus tard... ah ! j'oubliais... tu n'es pas marié ?...

EUGÈNE.

Non, non !..

BÉQUET.

Plus tard... si... Regardant tour à tour Emma et Henriot.

* Emma, Béquet, Madame Béquet, Eugène.

** Madame Béquet, Emma, Béquet, Eugène.

EUGÈNE.

Quoi!.. je pourrais espérer. .

BÉQUET.

Tu m'as compris... seulement, de son côté, il faudra qu'Emma consente *...

EMMA.

Je consens!

BÉQUET.

Tu m'as compris!.. il n'y a que Cornélie...

MADAME BÉQUET.

Eh! mon Dieu! que ma fille soit heureuse!

BÉQUET.

C'est ton vœu le plus cher, le plus violent de tes désirs... l'expression la plus ardente de ton cœur... (A lui-même.) C'est bizarre comme, depuis la République, j'arrondis bien mes phrases... l'habitude des luttes parlementaires... Qui vient là?..

SCÈNE XI

LES PRÉCÉDENTS, HACHETTE, en habit **.

HACHETTE.

C'est moi...

BÉQUET, sans regarder.

Qui, toi?

MADAME BÉQUET.

Le jeune homme de ce matin...

HACHETTE.

Je viens de mettre mon habit solitaire ..

BÉQUET, à part.

Hachette!.. tiens!.. je l'avais totalement oublié... (Haut.) Ah! tu viens de mettre... (Emma et Eugène remontent.) Tu peux l'ôter ton habit... Dieu! que tu es laid!

HACHETTE.

Chut! devant votre fille!...

BÉQUET.

Ma fille!.. ça lui est bien égal!.. Regarde comme elle s'occupe de toi.

* Madame Béquet, Béquet, Emma, Eugène.

** Madame Béquet, Hachette, Béquet, Emma, Eugene.

HACHETTE.

Mais vous oubliez que ce matin...

BÉQUET.

Ce matin, quoi?

HACHETTE.

Vous m'avez donné à choisir entre aller à Clichy...

BÉQUET.

Tu iras!..

HACHETTE.

Permettez... aller à Clichy ou devenir votre gendre.

MADAME BÉQUET, EMMA, EUGÈNE.

Son gendre!..

BÉQUET *.

Toi, mon gendre!.. Tu n'es qu'un drôle, un polisson!..

MADAME BÉQUET.

Ah! monsieur Béquet, le fils d'un de vos plus anciens amis... Monsieur Hachette!..

BÉQUET.

Lui! je ne le connais pas!.. Je ne connais d'Hachette qu'une femme de ce nom : Jeanne Hachette, à Beauvais, et encore c'est sa statue... En descends-tu?... remontes-y, mais va-t'en!.. Va-t'en, maroufle. (A lui-même.) Je le traite de maroufle, comme à la Comédie-Française. (Haut.) Toi, mon gendre!.. Veux-tu le voir mon gendre? (Désignant Eugène **.) Le voilà, mon gendre... Il ne spécule pas sur les glaces de Venise, lui... il ne me doit pas d'argent, lui, au contraire!...

Air de la *Péri*.

Toi, mon gendre!... une telle imprudence!
Oses-tu te montrer à mes yeux?
Sors d'ici, redoute ma vengeance,
Et jamais ne reviens en ces lieux!

HACHETTE.

Qu'a-t-il donc? une telle insolence...
Il voudrait m'éloigner de ses yeux!
En effet, redoutons sa vengeance;
Disparaissons vite de ces lieux.

EMMA, CORNÉLIE.

Pourquoi donc parler d'insolence?
Pourquoi veut-il l'éloigner de ses yeux?

* Eugène, Emma, Madame Béquet, Béquet, Hachette.

** Emma, Madame Béquet, Eugène, Béquet, Hachette.

Mais pour lui redoutons sa vengeance
Et disparaissons de ces lieux.

Les femmes sortent par la gauche ; Hachette par le fond.

SCÈNE XII

BÉQUET, EUGÈNE *.

BÉQUET.

Drôle!... mais n'en parlons plus !... O Eugène ! j'éprouvais le besoin d'être seul avec toi... pour causer de ton mariage.

EUGÈNE.

Ah ! que vous êtes bon !... Mais, permettez... avant tout, je dois vous dire... je ne suis pas riche... Vous connaissez sans doute ma profession ?

BÉQUET.

Je l'ignore complétement.

EUGÈNE.

Pour le moment, je ne suis qu'un simple artiste en daguerréotype... je fais du daguerréotype politique.

BÉQUET.

Qu'est-ce que c'est que ça ?

EUGÈNE.

Je fais les portraits de nos représentants.

BÉQUET.

Tu les as donc fait poser ?

EUGÈNE.

Je n'en ai jamais vu un seul.

BÉQUET.

Mais alors...

EUGÈNE.

Voici le procédé : j'ai chez moi un portrait de Mirabeau, je le reproduis au daguerréotype... et, quel que soit l'orateur qu'on me demande...

BÉQUET.

C'est toujours un Mirabeau que tu vends... Je comprends, je saisis... c'est très-ingénieux... prendre Mirabeau... c'est mirobolant, Tu me daguerréotyperas aussi, en uniforme de chapeau chinois, c'est mon instrument... mais en pied, de grandeur naturelle.

* Eugène, Béquet.

EUGÈNE.

Oh ! je n'aurais jamais une plaque assez large.

BÉQUET.

Ne t'inquiète pas, j'en ai une à la campagne, une plaque de cheminée... Penser que j'ai un gendre qui fait de ces petites histoires-là, car c'est bien toi ?...

EUGÈNE.

Comment, si c'est moi, tenez, j'ai toujours là sur moi... voyez plutôt.

Il lui montre une plaque.

BÉQUET.

Eh mais ! c'est ma femme et ma fille.

EUGÈNE.

Oh ! maladroit! .. je me suis trompé.

BÉQUET.

C'est une surprise qu'on me ménageait... Oh ! qu'importe !... je ferai semblant de ne pas le savoir. Je dirai : Ah ! quelle aimable suprise !... d'ailleurs je le savais. Cornélie me l'avait dit... Cornélie, c'est ma femme... Cornélie ne me cache rien... le soir, quand nous sommes seuls sur l'oreiller, elle me dit tout.

EUGÈNE.

Ils sont ressemblants ...

BÉQUET.

Oh ! d'une exactitude... déplorable... pour Cornélie surtout. Qu'est-ce que c'est que ça ?

EUGÈNE.

Mes initiales, E. A...

BÉQUET.

E. A. ! tu ne t'appelles donc pas Henriot ?..

EUGÈNE.

Si... A, n, an, r, i, o, t, riot, Anriot.

BÉQUET.

Sans H. ?

EUGÈNE.

Sans H.

BÉQUET.

Sors d'ici, galopin !... Tu n'as pas d'H et tu ne m'avertis pas !...

EUGÈNE.

Il fallait me demander mon passe-port !

BÉQUET.

Et tu te glisses chez moi sous prétexte d'y faire de ces petites machines-là !.. (Effaçant la plaque.) Tiens ! voilà le cas que j'en fais...

EUGÈNE.

Mais monsieur Béquet !..

BÉQUET.

Henriot sans H ! polisson ! bélître ! (A lui-même.) Je le traite de bélître... comme à la Comédie-Française !.. Sors d'ici !.. cesse de fouler mon parquet, ou je te dénoncerai à celui du procureur du roi... de la République !.. Ah ! mon Dieu !.. et Hachette que j'ai laissé échapper ! Oh ! il faut que je le retrouve.

SCÈNE XIII

LES MÊMES, HACHETTE.

BÉQUET, voyant entrer Hachette et allant à lui.

Ce cher Emile !... qu'il a bien fait de revenir !.. (A Eugène.) Quant à toi.. sors d'ici.

AIR : *Don Pasquale.*

De moi je ne suis plus maître !
Va porter ailleurs tes pas* !
Je te frapperais peut-être,
Avec l'H que tu n'as pas !

EUGÈNE ET HACHETTE.

De lui quand il n'est plus maître
Oui, je porte / Portez donc ailleurs mes / vos pas ;
Il me / vous frapperait peut-être.
Avec l'H... que je n'ai pas ! / je ne comprends pas !

* Emma, Béquet, Hachette.

SCÈNE XIV

HACHETTE, BÉQUET*.

BÉQUET.

Dis-moi, mon cher Hachette, Émile, H. A., n'est-ce pas?

HACHETTE.

Non, Hachette !

BÉQUET.

Oui, j'entends bien ; mais tu écris H. A.?

HACHETTE.

Non, j'écris Hachette.

BÉQUET.

Ton nom commence par un H !

HACHETTE.

Oui ; mais si ça vous gêne, je l'ôterai.

BÉQUET.

Du tout... Nous disons que tu épouses mon Emma !

HACHETTE.

Comment ! vous consentez maintenant?..

BÉQUET.

Tu plais à ma fille, tu lui plais beaucoup... Va chercher une voiture, reviens me prendre, et de là nous irons consulter un tabellion pour le contrat.

HACHETTE

Ainsi donc je n'ai plus rien à craindre pour Clichy ?

BÉQUET.

Toi, *in carcero duro*... jamais ! Voici ta lettre de change.

HACHETTE.

Oh ! merci... Si j'y comprends un mot !..

Air des *Quatre Fils Aymon.*

O douce espérance !

BÉQUET.

Ne perds pas de temps.

HACHETTE.

Pour moi quelle chance !

BÉQUET.

Ici je t'attends.

* Hachette, Béquet.

HACHETTE.

Avenir prospère !
O moment trop cher !

BÉQUET.

Ramène un notaire,
Ou son premier clerc.

HACHETTE.

Je reviens avec le premier clerc.

BÉQUET.

Le deuxième ou le troisième clerc.

HACHETTE.

Je me marie... voilà le plus clair.
Ah ! pour moi quel heureux avenir !
Un notaire va bientôt nous unir.

BÉQUET.

Ah ! pour eux quel heureux avenir !
Un notaire va bientôt les unir.

Hachette sort par le fond.

SCÈNE XV

EMMA, BÉQUET, CORNÉLIE, entrant *.

BÉQUET.

Ah ! mes enfants !.. Tout est arrangé pour ton mariage,..

EMMA.

Ah ! papa ! que vous êtes bon !.. ce cher Eugène...

BÉQUET.

Non... Émile... Émile Hachette !..

EMMA.

Comment !.. vous prétendez me faire épouser celui-là, maintenant !.. Jamais ! j'aimerais mieux coiffer Sainte Catherine...

BÉQUET.

Te faire modiste !

EMMA.

Je ne l'épouserai pas !

BÉQUET.

Tu l'épouseras !..

MADAME BÉQUET.

Ah ça ! pourquoi ce changement d'idées ? Pourquoi ne pas lui donner M. Eugène, qu'elle aime, qui l'aime, dont la

* Madame Béquet, Béquet, Emma.

profession vous convient, qui vous a rendu service, et, ce qui vous séduisait tant, qui s'appelait Henriot?

BÉQUET.

Henriot! tu te figures peut-être que son nom commence par une H?

MADAME BÉQUET.

Et qu'importe?

EMMA.

Oui, quelle utilité que son nom commence par une H?

BÉQUET.

Quelle utilité que son nom commence par une H! je vais vous le dire. Sache donc que la République, que j'ai bénie deux ou trois fois aujourd'hui, a failli écorner ma fortune, et j'ai vu le moment où je ne pouvais donner à ton futur époux que ta beauté, tes vingt ans et un trousseau... trousseau marqué aux initiales de celui...

MADAME BÉQUET.

Ah! je devine maintenant.

EMMA.

J'y suis!

MADAME BÉQUET.

Eh! mon ami, vous avez bien tort de vous fatiguer à trouver votre homme aux initiales...

BÉQUET.

Et pourquoi?

MADAME BÉQUET.

C'est que... ce trousseau...

BÉQUET.

Quoi! le linge... l'argenterie?...

MADAME BÉQUET.

Je l'ai vendu à l'amie d'Emma, qui a épousé ce M. Ernest Huguenin.

BÉQUET.

Mais la porcelaine... douze tasses, une théière, plats, assiettes et soupières?

MADAME BÉQUET.

Ah! quant à cela...

On entend un grand bruit de vaisselle brisée.

TOUS.

Qu'est-ce que c'est que ça?

EMMA.

Bon, c'est Toinette qui vient de renverser le guéridon !

BÉQUET.

La maladroite ! (Gaiement.) Je retiendrai ça sur ses gages... Mais alors tu n'as plus de trousseau... mais alors tu es libre, Emma, d'épouser qui tu voudras... de te passer du consentement de ton père... et si ton Anriot te plaît...

EMMA.

Quoi ! vraiment...

BÉQUET.

D'autant plus que j'ai un faible très-fort pour lui... mais j'y songe, je l'ai f...lanqué à la porte... il ne reviendra plus.

SCÈNE XVI

LES PRÉCÉDENTS, EUGÈNE *.

EUGÈNE.

Me voilà !

EMMA.

C'est lui !

EUGÈNE.

Oui, Monsieur, je viens...

BÉQUET.

C'est inutile... quel que soit le motif qui t'amène, quelle que soit la raison qui te fait rentrer ici, je ne veux pas les connaître...

EUGÈNE.

Mais, Monsieur...

BÉQUET.

Ecoute-moi, Henriot, tu aimes ma fille ?

EUGÈNE.

Ah ! Monsieur...

BÉQUET.

Eh bien ! prends-la pour femme ** !

* Madame Béquet, Eugène, Béquet, Emma.

** Madame Béquet, Béquet, Eugène, Emma.

EUGÈNE.

Il se pourrait!...

BÉQUET.

Il se peut... oui, je sais, tu vas me demander pourquoi cette fureur de tantôt... une épreuve que je voulais faire... Maintenant, courons chez le notaire!

EUGÈNE.

Permettez!

SCÈNE XVII

LES PRÉCÉDENTS, HACHETTE *.

HACHETTE.

La voiture est en bas!

EMMA ET MADAME BÉQUET.

Encore lui!

HACHETTE.

Partons, beau-père!

BÉQUET.

Beau-père! La scène de ce matin va recommencer... Toi, mon gendre! il n'en a jamais été question.

HACHETTE.

Oh! mais vous m'avez envoyé chercher une voiture pour aller chez le notaire...

BÉQUET.

Eh bien! nous y allons.

EUGÈNE.

Nous y allons.

EMMA.

Ils y vont.

BÉQUET.

Monte avec nous, si tu veux, en passant, je te déposerai à Clichy, car tu vas me rendre ma lettre de change.

HACHETTE.

Je ne l'ai plus, j'en ai allumé un cigare!

* Madame Béquet, Hachette, Béquet, Eugène, Emma.

BÉQUET.

Je suis fumé !... Maintenant, partons... ah !... j'ai, auparavant, quelques affaires à régler ici...

HACHETTE.

Vous voulez parler au public?

BÉQUET.

Et pourquoi non? et pourquoi non? Oh ! que cela point ne t'inquiète... je sais parler, depuis l'invention des clubs sans la garantie du gouvernement... j'ai l'habitude des luttes parlementaires.

Air : *T'en souviens-tu?*

Peuple français, public que j'idolâtre...

Ah ! non, ce n'est pas cela... Diable, me voilà fort embarrassé... Cornélie, Emma, approchez, vous pourrez m'aider *, car voilà ce qui m'arrive... Imaginez-vous, ceci est curieux, que les auteurs de cette pièce m'ont fait deux couplets.., vous allez voir, deux couplets... finaux ou finals, comme vous voudrez... Ils m'ont dit : Tu entends, Sainville, (car ils me tutoient, je les tutoie aussi, d'acteurs à auteurs, ça se fait, on ne se connaît pas, mais on se tutoie), tu entends, Sainville, si la pièce ne va pas très-bien, si elle cloche un peu, tu chanteras le couplet dans lequel nous demandons l'indulgence pour notre œuvre légère, sur l'air : *T'en souviens-tu;* si, au contraire, la pièce marche rondement, oh ! alors, tu diras ton autre couplet l'air sur de *Colonne*. Or, maintenant, nos trois auteurs, car ils sont trois!... trois auteurs !... Ils se sont mis trois, parce que, voyez-vous, sur trois, il y en a un qui ne fait rien, l'autre fait les répétitions, et le troisième fait la pièce... mais, celui-là, bien souvent on ne le nomme pas. Voilà la véritable organisation du travail... donc, pour en revenir aux deux couplets, lequel faut-il que je chante? Ma foi, voyons... là, franchement, la pièce... a été, elle a été quoi?... Allons, allons, c'est décidé... je chante le couplet à succès sur l'air de la *Colonne*... Méfiez-vous!

Air de la *Colonne*.

Je viens, Messieurs, sur l'air de la *Colonne*,
Vous dire ici que nos auteurs
Ont fait une pièce très-bonne,

* Hachette, Madame Béquet, Béquet, Emma, Eugène.

Jouée avec de bons acteurs,
Devant d'excellents spectateurs.
Point les auteurs n'ont de craintes fatales,
Car ils auraient alors toutes raisons,
Au lieu de vous livrer leurs noms,
De donner leurs initiales.

TOUS.

De donner leurs initiales.

FIN

CHATILLON-SUR-SEINE. — IMPRIMERIE E. CORNILLAC

www.ingramcontent.com/pod-product-compliance
Ingram Content Group UK Ltd.
Pitfield, Milton Keynes, MK11 3LW, UK
UKHW021028260726
13994UKWH00005B/2023